AF613353

L7K
107

NOTICE HISTORIQUE

SUR

NOTRE-DAME

DE

BREBIÈRES.

Oraison à Notre-Dame de Brebières.

Très-Sainte Vierge, à qui toutes les brebis égarées peuvent recourir avec confiance pour obtenir la grâce d'être reçues de Jésus-Christ, Rédempteur et Pasteur de tous les hommes, présentez-moi, je vous supplie, à ses pieds, et faites, qu'ayant été remis, par votre intercession et par sa miséricorde, au nombre de ses brebis fidèles, je sois toujours avec lui dans le temps et dans l'éternité. Ainsi soit-il.

NOTICE HISTORIQUE

SUR

L'IMAGE MIRACULEUSE

DE LA

SAINTE-VIERGE,

HONORÉE EN L'ÉGLISE D'ALBERT,

SOUS LE TITRE

DE NOTRE-DAME

DE BREBIÈRES.

AMIENS,

TYPOGRAPHIE DE E. YVERT,

32, RUE DES SERGENS.

1845.

APPROBATION.

NOUS JEAN-MARIE MIOLAND, par la Miséricorde Divine et l'autorité du Saint Siége Apostolique, Evêque d'Amiens,

Avons permis et permettons par ces présentes à M. YVERT, imprimeur à Amiens, d'imprimer un livre ayant pour titre : *Notice historique sur Notre-Dame de Brebières*, honorée en l'Eglise d'Albert, sous le titre de NOTRE-DAME DE BREBIÈRES, à la charge pour les Marguilliers de ladite Eglise d'Albert, *qui en conservent exclusivement la propriété*, de déposer deux exemplaires au Secrétariat de Notre Évêché.

Donné à Amiens, en Notre Palais Épiscopal, sous notre seing, le sceau de nos armes et le contre-seing du Secrétaire-Général de Notre Évêché, le neuvième jour du mois d'Août, de l'an de Notre-Seigneur, mil huit cent quarante-cinq.

† JEAN, *Évêque d'Amiens.*

Par mandement de Monseigneur,

L.-F. LUCAS, *Chanoine, Séc. Gén.*

NOTICE HISTORIQUE

SUR L'IMAGE MIRACULEUSE

DE LA

SAINTE-VIERGE,

DITE

NOTRE-DAME DE BREBIÈRES.

L'IMAGE miraculeuse de la Très-Sainte-Vierge, honorée depuis 1732, dans l'Eglise paroissiale d'Albert, compte plusieurs siècles d'existence. La perte irréparable de la plupart des titres seigneuriaux et la destruction des archives du monastère de Brebières, où le pélerinage avait lieu de temps immémorial, ne laisse que des conjectures douteuses. Il est permis sans doute de suspendre son jugement sur des traditions orales, quelque respectables qu'elles soient par leur antiquité.

Voici celle qu'on lit dans le manuscrit d'un judicieux antiquaire albertin. M. Le Tellier écrivait, en 1768......... « Dès avant cette année 1230, et même dès 1138, l'Eglise de Brebières existait (*). La » tradition seule nous apprend la cause de l'édification

(*) L'existence de cette chapelle, en 1138, est constatée dans une bulle du Pape Grégoire IX, donnée à Latran le 6 des calendes de décembre, la première année de son pontificat 1230. (Note de M. Le Tellier)..... Sa Sainteté y confirme les religieux de St.-Martin-des-Champs, de Paris, dans leurs droits sur les églises des saints Gervais et Protais, d'Ancre et de Ste. Marie de Brebières.

» de cette église. Un troupeau de moutons broutait
» l'herbe en cet endroit. Leur conducteur ne pouvant
» les faire retirer pour les conduire ailleurs, y fouilla
» la terre avec sa houlette. Il fut très-surpris d'y
» trouver enterrée une image de pierre sculptée, re-
» présentant la Ste. Vierge avec l'Enfant Jésus dans
» ses bras. Il vint en faire part au clergé d'Ancre,
» qui y fut processionnellement et rapporta cette ima-
» ge en l'église d'Ancre, qui fut ensuite placée en une
» chapelle que l'on construisit au même endroit et
» que l'on dédia à Sainte Marie. Les moines d'Ancre
» y avaient une maison qu'ils habitaient en temps
» de paix. Il s'y faisait un grand nombre de miracles,
» ce qui y attirait un concours de pélerins qui ve-
» naient de tous côtés intercéder la Sainte Vierge de
» Brebières, nom qu'on lui donna pour conserver
» l'obligation qu'on en devait à un troupeau. Tous
» les bergers des environs la prirent pour patronne,
» et le 8 septembre ils y célébraient la fête de la Na-
» tivité de la Sainte Vierge, au son de leurs musettes.
» Il y avait ce jour là une foire à Brebières..... »

On n'est point d'accord sur l'origine du nom de Brebières. Le monastère donna-t-il son nom à la statue de la Sainte Vierge, ou plutôt, celle-ci, déjà en vénération dans ce lieu champêtre, n'a-t-elle pas honoré du sien la maison des religieux que la dévotion à Marie et au culte de son autel avait rassemblés auprès de la Sainte Vierge? La tradition la plus répandue répond en faveur de ce dernier sentiment.

Néanmoins, sans vouloir froisser l'opinion reçue, on se permet un doute respectueux à la simple inspection de la statue de Notre-Dame de Brebières. Cette image est formée d'une pierre dure et jaune-pâle, sculptée en entier et drapée dans le genre des sculptures des 13e et 14e siècles. Elle a sur le pied gauche une brebis taillée sur le même bloc. (*) Cette pierre d'environ un mètre sur 20 centimètres, ne pèse pas moins de 250 kilogrammes.

On se demande pourquoi cette brebis aux pieds de la Sainte Vierge ?

La bulle de Grégoire IX nous apprend qu'il existait, en 1138, une église consacrée à Sainte Marie, sur la terre de Brebières. Ne pouvait-on pas supposer avec assez de vraisemblance, que l'existence extraordinaire de ce mouton aux pieds de la Sainte Vierge, est le fait des religieux de Brebières, qui firent sculpter pour leur église une statue de Sainte Marie, avec des attributs analogues à leur nom de communauté, emprunté à la terre de Brebières ?

Cette supposition admise ou rejetée, il reste pour certain que la chapelle de Brebières, sous le vocable de Sainte Marie, jouissait, au 12e siècle, d'une grande vénération. La fête du 8 septembre rassemblait déjà une foule prodigieuse de pélerins de tous les pays, attirés par les miracles nombreux obtenus par l'intercession de la Sainte Vierge. Cette chapelle du monastère de Brebières était desservie par les religieux de Saint Martin-des-Champs.

Les guerres continuelles qui affligèrent ensuite ces contrées, voisines des Pays-Bas, gouvernés par les

(*) M. l'abbé Decagny, dans son ouvrage sur l'arrondissement de Péronne, était mal informé lorsqu'il écrivit : « Cette image est formée d'une pierre dure et noire » dont la base est un bloc informe. »

Espagnols, obligèrent ces religieux à abandonner leur maison champêtre pour venir s'abriter sous les fortifications de la ville. La chapelle seule fut entretenue quelque temps par respect pour l'image miraculeuse qui y demeura jusqu'au 2 mai 1727.

Le 1er novembre 1732, à la suite d'une mission donnée par les R. P. Capucins, Monseigneur Pierre-Sabbatier, informé de l'état de dégradation de la chapelle, de la fracture souvent renouvelée des troncs destinés à recevoir les offrandes des fidèles, et d'autres faits scandaleux que facilitaient l'isolement et l'ouverture des portes de ce temple solitaire, ordonna la démolition de cette chapelle et approuva la translation déjà faite (*) de la sainte image dans l'église d'Albert.

Le même mandement transfère la confrérie des bergers dans la même église, sans rien changer aux anciens usages. Seulement Monseigneur Sabbatier régularisa cette confrérie, fit dresser un nouveau catalogue des associés, et inscrivit en tête son nom. Beaucoup d'autres noms très-recommandables suivent le sien.

En l'année 1735, le 9 mars, Mgr. Delamotte vint à Albert, visiter la sainte chapelle et ordonna quelques décorations. Il voulut aussi prendre rang parmi les confrères. Le vieux registre échappé à la flamme révolutionnaire, et qui conserve ces honorables souvenirs, porte aussi les noms de messir Jacques Ber-

(*) Le 2 mai 1727, Louis Pinchemel de Bouzincourt, a opéré le transport de l'image de Notre-Dame de la Chapelle-des-Champs à l'église d'Albert. (Note du registre des comptes de cette époque).

nard Chauvelin, conseiller du Roi en tous ses conseils, intendant de Picardie et d'Artois.... et d'une foule de personnes de la plus haute distinction, de cette époque.

On y lit également que c'est à la sollicitude de Mgr. Delamotte qu'est due la première image, à grand format, de Notre-Dame de Brebières, qu'il fit distribuer en son nom à tous ses confrères. Ce saint Evêque est venu souvent offrir le saint sacrifice à l'autel de Marie, et admettre de nouveaux associés. Plusieurs fois il présida le conseil et signa la reddition annuelle des comptes de la confrérie. Une ordonnance de la même année prouve l'affectueux intérêt qu'il lui portait.

Son vénérable successeur, Mgr. De Machaux, hérita de sa tendre dévotion pour l'image miraculeuse de Brebières. L'autel en marbre blanc est une des offrandes dues à sa pieuse générosité.

Aux jours malheureux des profanations du siècle dernier, une main amie déroba l'image vénérée, pour la soustraire au vandalisme sacrilège de cette époque. M. Scribe-Poly conserva honorablement chez lui le saint dépôt et le rendit, après la tempête, aux hommages empressés d'une cité un moment éprouvée par l'orage, mais toujours fidèle.

La Sainte Vierge fut replacée au même lieu, dans le bas-côté droit de l'église, contre la tour, jusqu'en 1841. Alors une ouverture assez spacieuse, pratiquée dans cette tour, permit de lui élever un sanctuaire nouveau dû presqu'en totalité à l'industrieuse (*) générosité des religieux habitans d'Albert.

(*) Outre les offrandes privées, une loterie improvisée et formée d'objets fournis par les fidèles eux-mêmes, rapporta plus de 1200 francs.

Après la tourmente révolutionnaire, les bergers furent les premiers à réclamer leurs droits et les honneurs dans les cérémonies de Notre-Dame. Ils reparurent, à la Nativité, avec leurs habits de fête, et les bergères avec leurs gâteaux. Depuis ils ont complété leur costume par des houlettes dorées et des rubans de toutes couleurs. Le nombre, toujours croissant, est loin de nuire à l'édification de leur maintien.

La confrérie conserve à peu près les règles tracées dans le mandement de 1732. La diversité des temps et quelques usages devenus abusifs ont nécessité des modifications momentanées qui disparaîtront insensiblement pour revenir à la forme administrative si sagement établie par Mgr. Sabbatier, de sainte mémoire.

Voici les principaux articles du réglement :

1° La confrérie aura son conseil composé de six membres, non compris le directeur ;

2° Les comptes seront rendus tous les ans, en conseil, à la fête de la Nativité ;

3° Les associés devront faire, chaque année, leur offrande, pour l'acquit des charges de la confrérie, (50 centimes la première année, et 25 c. les années suivantes).

4° Au décès d'un confrère, la confrérie fait chanter une messe des Morts un des jours qui suivent l'octave de la Nativité ;

5° Tous les confrères et consœurs ont part à toutes les messes, saluts et autres prières dites à la chapelle Notre-Dame. — La grand-messe du samedi est toujours célébrée pour les personnes qui déposent leur offrande dans les troncs. (*Mandement de l'institution de la confrérie*).

Tableau d'Indulgence.

INDULGENCES POUR LES ASSOCIÉS.

1. Le jour de l'entrée.
2. — de la Nativité, fête principale pour les confrères du dehors.
3. — Dimanche dans l'Octave, même fête pour les confrères internes.
4. — du saint Rosaire, troisième fête solennelle de la confrérie.
5. Aux fêtes de la Conception, de la Purification, de l'Annonciation et de l'Assomption de la Sainte Vierge; à la condition de se confesser, de communier et de prier pour les fins générales de l'Eglise.

INDULGENCE PLÉNIÈRE,

COMMUNE A TOUS LES FIDÈLES.

Notre Saint Père le Pape Grégoire XVI, sur la demande de M. Codevel, curé-doyen d'Albert, accorde une indulgence plénière une fois l'année, sans déterminer le jour, à tout fidèle qui visitera l'image de Notre-Dame de Brebières, s'approchera des sacremens de Pénitence et d'Eucharistie, et priera pour les fins de l'Eglise. (Donné à Rome le 16 mai 1834).

L'autorité du mandement qui va suivre suffira aux fidèles pour leur inspirer une confiance entière aux faits miraculeux qu'il énonce. On y a joint le récit d'autres guérisons plus récentes que la piété accueillera avec reconnaissance. La seule autorité qu'on invoque pour les offrir consciencieusement est uniquement celle des témoins de bonne foi. Si un philosophe du siècle dernier a pu dire qu'il croirait plutôt à la désorganisation de ses sens qu'à l'authenticité d'un miracle opéré sous ses yeux ; ici des témoins sincères, dont la bonne foi n'a pas été surprise, pourront bien répéter, sans s'effrayer de la censure d'un siècle mécréant, les mêmes paroles des apôtres Pierre et Jean, aux philosophes incrédules de leurs temps. *Non enim possumus, quæ vidimus et audivimus non loqui.* Car pour nous, nous ne pouvons pas ne point parler des choses que nous avons vues et entendues.

MANDEMENT

DE MONSEIGNEUR

L'ÉVÊQUE D'AMIENS,

Au sujet de plusieurs guérisons miraculeuses, opérées par l'intercession de la Sainte Vierge, en la Chapelle qui lui est dédiée dans l'Eglise paroissiale d'Albert, sous le titre de NOTRE-DAME DE BREBIÈRES.

LOUIS-CHARLES, par la miséricorde de Dieu et la grâce du Saint-Siége Apostolique, Évêque d'Amiens, à tous les fidèles de notre Diocèse, Salut et Bénédiction en Notre Seigneur Jésus-Christ.

C'est, Mes Très-Chers Frères, un devoir bien cher à notre cœur que celui dont nous nous acquittons en vous communiquant le récit fidèle d'événements propres à renouveler et augmenter votre dévotion et votre confiance pour la Très-Sainte Vierge, Mère de Dieu. Cette dévotion aussi ancienne dans le Christianisme que le Christianisme lui-même, a pour fondements ceux de notre sainte Religion, elle est essentiellement liée à ses principes. Serait-il en effet possible de reconnaître avec une foi vive la divinité du Fils, sans être pénétré du respect le plus profond pour la créature privilégiée qu'il a élevée à l'éminente dignité de sa Mère? C'est donc Notre-Seigneur Jésus-Christ que nous honorons en honorant Marie : d'où il suit, par une conséquence nécessaire, que la dévotion à Marie tiendra toujours à juste titre, dans tout chrétien, le second rang, après celle que nous devons à la personne adorable de Jésus-Christ. N'est-ce pas à ses hommages particuliers et distingués pour sa sainte Mère, que nous invite ce divin Sauveur lui-même, et par les sentiments dont nous voyons qu'il l'a honorée pendant son séjour sur la terre, et par les droits qu'il lui a conservés sur son cœur dans la possession de sa gloire? droits précieux pour nous, M. T.-C. F., puisqu'ils rendent Marie un des principaux et des plus féconds canaux des miséricordes de Dieu sur les hommes, et qu'ils nous donnent dans elle une Mère tendre, dont le crédit est tel auprès de la majesté divine que les Saints Pères ne balancent pas de l'appeler une toute-puissance suppliante auprès du Tout-Puissant, *omnipotentia supplex*. La lecture du précis historique que nous vous mettons sous les yeux, ne pourra que vous confirmer dans la conviction de cette vérité. Vous bénirez avec nous, mes très-chers frères, la divine bonté d'avoir, dans ces jours que nous pouvons appeler des jours mauvais, à cause de l'affaiblissement de la foi et de la langueur de la charité, opéré des merveilles capables de réveiller l'une et l'autre. Vous la bénirez d'avoir choisi ce Diocèse pour être le théâtre de ses grandes œuvres et le témoin de ses bénédictions signalées. Vous animerez votre confiance en la sainte Mère de Dieu, et en lui demandant votre soulagement dans vos maux et vos infirmités corporels, vous vous souviendrez que c'est surtout en nous obtenant la guérison des maladies des âmes, et les grâces nécessaires à leur salut éternel, qu'elle désire nous faire éprouver la puissance de son intercession auprès de son divin Fils. Que ce soit donc là surtout l'objet des vœux et des prières que nous lui adressons. C'est ce que l'Eglise nous enseigne à pratiquer par ces paroles de la Salutation Angélique, que nous ne saurions répéter trop souvent : *Sainte Marie, mère de Dieu, priez pour nous pauvres pécheurs ;* c'est-à-dire, priez pour nous obtenir de la miséricorde de Dieu le pardon de nos péchés, la grâce d'en faire une sincère pénitence, de nous convertir à Dieu de tout notre cœur, de craindre et d'éviter, par-dessus tout autre mal, le péché qui est l'offense de Dieu et la perte de nos âmes, de vivre selon Dieu et pour Dieu, maintenant et à l'heure de notre mort, de rendre notre dernier soupir dans sa grâce et dans son amour.

A ces causes, pour la plus grande gloire de Dieu et celle de la très-Sainte Vierge, sa Mère, ainsi que pour l'édification et l'utilité spirituelle des Fidèles confiés à nos soins, nous avons ordonné la publication du Précis historique imprimé à la suite de notre présent Mandement, comme ne contenant aucun fait dont la vérité n'ait été constatée par les informations les plus circonstanciées et les plus exactes, desquelles nous avons fait déposer les originaux au Secrétariat de notre Évêché.

Nous exhortons les Fidèles à le lire, à se le communiquer, à le répandre autant qu'il leur sera possible pour l'accroissement du culte de la Très-Sainte Vierge, Mère commune de tous les Chrétiens, et Patronne spéciale de ce Diocèse.

Donné à Amiens, en notre Palais Episcopal, le 20 mars 1787.

+ LOUIS-CHARLES, Év. d'Am.

Par Monseigneur,

ô Mellane, *Chanoine-Chantre et Sec.*

PRÉCIS HISTORIQUE

De quelques guérisons opérées sur des personnes qui ont imploré l'assistance de la Sainte Vierge,

En la Chapelle qui lui est dédiée dans l'Eglise Paroissiale d'Albert, sous le titre de Notre-Dame de Brebières.

Quant il plaît à la divine Providence de ranimer et d'affermir la piété des Fidèles par quelqu'événement extraordinaire, il y aurait de l'ingratitude à nous y montrer indifférents, jusqu'au point de négliger d'en répandre la connaissance et d'en perpétuer la mémoire.

Rien ne manque à la Religion Chrétienne du côté des Miracles, pour établir invinciblement sa divinité. Ceux qui sont consignés dans l'Evangile et les Annales de l'Eglise, sont plus que suffisants pour rendre inexcusable quiconque aimerait mieux rester dans un aveuglement volontaire, que d'ouvrir les yeux à leur évidence.

S'ils sont moins communs aujourd'hui qu'autrefois, c'est que la foi qui les obtient, est devenue plus rare. Mais ce serait une erreur de croire qu'il ne s'en fait plus, et lorsqu'ils sont bien constatés, nous ne pouvons nous dispenser de les accueillir avec la plus entière reconnaissance.

Voilà ce qui nous engage à publier le récit qui va suivre, pour la gloire de Notre-Seigneur Jésus-Christ, l'honneur de la Très-Sainte Vierge sa Mère, et l'édification des Fidèles.

Depuis un temps immémorial, la Sainte Vierge est honorée à Albert, sous le titre de Notre-Dame de Brebières, et on y a toujours éprouvé les effets de sa toute-puissante intercession. Mais il n'y a rien peut être, à cet égard, de plus frappant, ni de plus remarquable que ce qui vient d'arriver au nommé Pierre-Philippe, fils de Philippe DELAPLACE et de Catherine HENNEQUIN, de la paroisse de Vaux, près Corbie, au doyenné d'Albert.

Ce jeune homme, âgé de seize ans, n'avait jamais joui d'une bonne santé; dès son enfance, il avait eu des attaques du mal caduc, dont son père et sa mère nous assurent qu'il fut guéri après un pélérinage qu'ils eurent la dévotion de faire à Saint-Guillain, près de Mons.

A l'âge de dix-sept ans, de nouvelles indispositions recommencèrent et donnaient lieu de craindre qu'il n'en guérirait pas.

Nous n'entrerons pas dans le détail de tous les accidents qui lui survinrent pendant le cours de huit ou neuf ans que dura sa maladie; il suffira de savoir en général qu'il était dans un état de souffrance habituelle; qu'il éprouvait des embarras et difficultés de se mouvoir, tantôt dans les bras, tantôt dans les jambes; que ce fut inutilement qu'on eût recours aux bains, aux fomentations et à différents autres remèdes, et que le mal paraissait prendre des accroissements, à mesure qu'on faisait des efforts pour l'éloigner.

Ne pouvant plus compter sur le secours des hommes pour sa guérison, tout son désir était, pour l'obtenir, de faire, quand il le pourrait, quelque pélérinage en l'honneur de la Sainte Vierge, lorsque le 12 de février 1786, dimanche de la Septuagésime, étant sorti vers une heure après midi, pour aller chez un oncle plus à portée de l'Eglise, y attendre le dernier coup des Vêpres, se traînant plutôt qu'il ne marchait, à l'aide d'un bâton dont il ne pouvait plus se passer, la tête penchée sur l'épaule, dans une attitude à faire pitié, et se trouvant dans un sentier près des haies, derrière le village, il fit rencontre d'un inconnu qui tenait un livre à la main, vêtu d'un habit de couleur noire, comme le sont à peu près les Ecclésiastiques, avec une barbe qui lui tombait sur la poitrine, et qui, lui adressant la parole, lui dit : *Vous avez bien de la peine à marcher, mon enfant.* A quoi le jeune homme ayant répondu que cela était vrai, l'inconnu répliqua : *Si vous voulez être guéri, voici mon enfant, ce que vous avez à faire. Il vous faut réciter pendant huit jours les Litanies du Saint Nom de Jésus et de la Sainte Vierge, les sept Psaumes de la Pénitence et les Litanies des Saints, et au bout de huit jours vous irez servir la Sainte Vierge à Albert, où vous répéterez les mêmes prières; mais vous ne serez guéri que quand vous mettrez votre Offrande dans le tronc.* Après ces paroles, l'inconnu continua sa route et disparut.

Le jeune homme, qui avait promis de suivre son conseil, commença sa neuvaine, dès le soir du même jour, sans en rien dire à personne, jusqu'au dimanche suivant qu'il s'en ouvrit à sa mère, lui demandant un cheval pour le lendemain et la priant au surplus de le conduire elle-même à Albert. La mère, occupée d'ouvrages qui la retenaient à la maison, lui donne pour compagnon de voyage son petit frère, âgé de treize ans, nommé Louis. Ils partirent vers huit heures du matin, et arrivèrent sur les onze heures.

Ce n'était pas une petite affaire que ce voyage, pour quelqu'un qui ne pouvait aller à pied, ni se tenir commodément à cheval; mais l'espérance chrétienne donne du courage à ceux qui suivent ses impressions.

Etant entré dans l'Eglise, le jeune homme alla se mettre à genoux devant l'Image de la Sainte Vierge. Après avoir récité les prières qui lui avaient été prescrites, il se leva pour aller mettre dans le tronc son offrande qui fut de douze sous, et dans le moment il fut guéri.

Il était environ midi. Nos deux jeunes gens étaient seuls alors dans l'Eglise. Le cadet, qui avait observé tous les mouvements de son frère, et qui ne pouvait plus douter d'un changement à son avantage, en fut tellement frappé qu'il resta comme immobile, ne pouvant plus parler. Son aîné, qui s'en aperçut, vint le rassurer, lui disant qu'il devait plutôt se réjouir, que la Sainte Vierge l'avait regardé d'un œil de miséricorde, et qu'il était guéri.

Il avait prié avec cette confiance et cette simplicité qui attirent les regards du Ciel; il conserva cette même simplicité après avoir obtenu ce qu'il demandait. Il se contenta de l'assurance qu'il avait de sa guérison, sans en faire plus de bruit; et après avoir achevé sa prière, il n'eut rien de plus à cœur que d'aller apprendre à sa famille ce qui lui était arrivé.

Il se retira donc sans éclat; mais quelle différence au retour! soit qu'il allât à pied, soit qu'il montât à cheval, tout se faisait avec aisance, il n'y avait plus d'incommodité.

Il rejoignit enfin la maison paternelle. Le père était aux champs à labourer ses terres; la mère, qui attendait avec inquiétude le retour de ses enfants, vaquait aux affaires du ménage, lorsqu'elle entendit dans la rue une voix qui disait.... *C'est lui....* une autre : *Ce n'est pas lui.... C'est lui-même.... Non, c'est quelqu'un qui lui ressemble. Voyez comme il marche.* Cette énigme, que le désir et le pressentiment expliquaient déjà dans le cœur de cette femme, ne fut pas long-temps à s'éclaircir. Le jeune homme parut dans le moment, et se jetant au cou de sa mère, il lui dit en son langage : *Vous ne pleurerez plus sur le sort de votre fils, il n'est plus malade, vous le voyez guéri.*

Après être un peu revenue de sa surprise, la mère crut que son fils devait trop à Dieu, pour ne pas donner des marques publiques de sa reconnaissance. Elle le chargea d'aller trouver M. le Curé, de lui rendre compte de sa guérison, et de le prier de vouloir bien chanter un Salut et le *Te Deum*, en actions de grâces.

Au son de la cloche, toute la paroisse accourut. Jamais événement pareil ne s'était fait voir aux assistants. A peine en croyaient-ils leurs yeux. Ils avaient à leur portée, ils entendaient de leurs oreilles les réponses que faisait à leurs questions ce même jeune homme, dont les longues infirmités leur étaient connues. Il était parfaitement guéri. Le fait était incontestable. L'impression en fut profonde.

Le lundi vingt-septième jour de mars 1786, le père et la mère firent chanter dans l'église d'Albert une Messe solennelle à laquelle ils avaient invité toute leur famille. Le peuple y vint en foule de toutes les paroisses voisines.

Le samedi d'auparavant, jour où tombait la fête de l'Annonciation, le jeune homme, accompagné de sa mère et de son petit frère, avait suspendu devant l'Image de la Sainte Vierge, le bâton qui lui servait de soutien, en témoignage de sa guérison et de sa reconnaissance.

Sur le bruit répandu partout de cet événement, Mgr. l'Evêque d'Amiens crut qu'il convenait d'en prendre connaissance et de le rendre authentique par une information. Il envoya sur les lieux le Doyen de Chrétienté du canton, qui s'est rendu à Vaux, le neuvième jour de mai. Le nombre et l'unanimité des témoins ont mis cette affaire à l'abri de toute contestation. On peut voir au Secrétariat de l'Evêché le procès-verbal qui en a été dressé.

Voici d'autres faits qui, pour n'avoir pas été constatés par information juridique, ne sont pas moins certains que celui que nous venons de rapporter.

1°. Marie Dobel, femme d'Etienne Delaitre, journalier de la paroisse de Longueval, au Diocèse de Noyon, avait fait un accouchement malheureux. L'enfant qui vint au monde, parut dans un état de mort, ne donnant aucun signe de vie tout son corps était comme meurtri et défiguré quelques-uns de ses membres paraissaient rompus ou disloqués. Tous les secours qu'on aurait pu lu donner ayant été jugés inutiles, on le négligea. La nuit survint, elle se passa sans que l'enfant fît aucun mouvement. Il continuait d'être sans chaleur et absolument inanimé.

Cependant le père et la mère étaient inconsolables, en pensant qu'il serait privé de la grâce du baptême. Ils eurent recours à la Sainte Vierge, et le frère partit le 24 avril 1786, pour le lui présenter à Albert, devant son image. Son espérance ne fut pas vaine. L'enfant, exposé à l'Autel, reprit insensiblement des couleurs. Une douce chaleur pénétra ses petits membres, qui devinrent flexibles : tous ceux qui le voyaient le crurent vivant. Le moment était précieux. On commença par l'ondoyer, mais on aurait pu attendre, puisqu'on eut le temps de lui suppléer à loisir toutes les cérémonies du Baptême. L'enfant vécut encore quelques heures, et retomba dans son premier état pour n'en plus sortir. Ce que les parents avaient demandé n'était pas que l'enfant donnât des signes de vie pour continuer de vivre, mais pour avoir le temps de lui administrer le Baptême, et c'est la grâce qui ne leur fut pas refusée.

2° Madeleine Roussel, présentement âgée de cinquante-neuf ans, domiciliée à Baillon, paroisse de Warloy, avait été attaquée à l'âge de vingt-quatre ans, d'une espèce de mal caduc ou maladie qui lui donnait des convulsions, quelle qu'en ait été la nature ou la cause.

On peut dire que cette fille, qui est connue dans tout le canton, est devenue célebre, tant à cause de la durée de ses infirmités, qu'à cause des symptômes extraordinaires dont elles étaient accompagnées. Il y avait des jours où elle tombait vingt fois en convulsion dans les chemins, à la maison, la nuit, le jour, dans toutes les circonstances où elle pouvait se trouver. Aux accès des convulsions qu'elle éprouvait si constamment, se joignait un vomissement fréquent de matières fétides et vermineuses, aussi capables de faire horreur que d'exciter la commisération. Le peuple, qui ne savait à quoi attribuer toutes les singularités dont il était témoin, ou dont il entendait parler, disait communément que cette fille était maléficiée.

Feu M. le marquis de Gouffier, à qui on en parla comme d'une espèce de phénomène, crut que cette maladie pouvait céder aux remèdes, et voulut bien par charité les faire administrer. Il fit venir la malade à Heilly, et elle rapporte que pendant quatre mois qu'elle y resta, on lui fit prendre cent deux médecines, après quoi on la renvoya chez ses parens avec une provision d'autres médecines pour six semaines, qu'elle prit également.

On ne dira pas que toutes ces précautions furent sans effet, et ne procurèrent aucun soulagement; mais ce qu'il y a de bien certain, c'est que le mal continua quant à ce qu'il avait de principal, et prit à la suite de nouveaux accroissements.

Si l'on considère qu'outre les accidents dont nous avons parlé, cette pauvre fille était toute couverte d'ulcères, et qu'elle en comptait vingt-huit au moment de sa guérison, il sera facile de uge r à quel état de misère elle était réduite. Elle manquait le plus souvent de linge pour se renouveler, et n'avait ordinairement de pain que ce qu'on lui donnait par aumône, ou qu'elle pouvait gagner avec bien de la peine, étant obligée depuis deux ans de tenir en écharpe son bras à portée de la laine qu'elle filait.

A force de la voir souffrir, on s'était comme accoutumé à ne plus la plaindre, les uns la regardant comme un esprit faible et égaré, d'autres comme un objet de rebut dont le mal pouvait se communiquer.

Se trouvant un jour, dans le courant de mai dernier, plus affligée qu'à l'ordinaire, pour quelques reproches et paroles dures que ses infirmités lui avaient fait essuyer, elle alla chez M. le Curé pour en obtenir quelques consolations; celui-ci lui conseilla de faire une neuvaine en l'honneur de la Sainte Vierge, à l'imitation du jeune homme de Vaux; mais il lui fit observer qu'il convenait avant toutes choses qu'elle s'approchât des Sacrements. Ayant pris toutes les mesures convenables pour un heureux succès, elle partit le vingt-trois mai 1786, pour Albert, avec une femme que M. le Curé lui avait désignée pour l'accompagner, crainte d'accident sur la route. Après avoir entendu la Messe et reçu la sainte communion, elle se présenta devant l'image de la Sainte Vierge.

Dans l'état où elle se trouvait, la mort ne lui paraissait pas un malheur, et l'objet de sa demande à la Sainte Vierge était autant que Dieu daignât la retirer de ce monde par son intercession, que de lui rendre la santé. Elle priait dans cette disposition plutôt de cœur que de bouche, lorsque tout-à-coup sa vue lui parut s'obscurcir.

Elle ne voyait plus rien distinctement. Une sueur froide, accompagnée d'un gonflement extraordinaire, se répandit sur tous ses membres. Elle croyait être au dernier moment, quand par une autre révolution qu'elle ne peut pas bien exprimer, tous ces accidents disparurent, et s'adressant à la femme qui l'accompagnait, elle lui dit : *Dieu m'a fait grâce, je suis guérie.*

Il semble que la reconnaissance aurait dû porter cette fille à faire sur-le-champ part au public de sa guérison ; mais quoiqu'elle en eut l'assurance, le changement qui s'était fait en elle ne lui était pas encore connu sous tous ses rapports, ni dans toute son étendue. Le soir, en examinant ses ulcères, elle fut surprise de les trouver entièrement desséchés et recouverts d'une pellicule qui cédait facilement à la main. Les autres accidents ne revinrent plus depuis, et la santé dont elle jouit depuis ce temps-là, après avoir été malade pendant trente-cinq ans, doit paraître à toute personne raisonnable, une attestation suffisante de la grande grâce qu'elle a reçue.

3°. Une autre fille de la même paroisse, appelée Marguerite Roussel, était malade depuis cinq ans; une dose d'émétique un peu trop forte, qu'elle avait eu le malheur de prendre, et je ne sais quel mauvais régime, la firent tomber dans l'état le plus inquiétant. Son estomac ruiné ne supportait plus de nourriture. Des oppressions de poitrine, une extrême sensibilité, des obstructions, des insomnies, etc., ne permettaient point d'espérer qu'elle dût jamais se rétablir. C'est aux parents qui l'ont soignée, aux médecins et chirurgiens qui l'ont pansée, à entrer sur le genre de ses maux, dans un grand détail; il nous suffira de remarquer qu'elle en vint à cette extrémité qu'on se crut obligé de lui administrer les derniers Sacrements; elle ne quitta plus le lit, et l'on ne savait à quel remède avoir recours, lorsque la guérison de Madeleine Roussel vint lui relever le courage. Elle tourna toutes ses vues du côté de la Sainte Vierge, mit sa confiance en son intercession, et fit vœu de se faire conduire à Albert, quand il y aurait moyen. Il fallut se rendre à ses désirs malgré le risque où la mettait cette entreprise. Le voyage se fit sans accident, quoique ce ne fut pas sans peine. Etant arrivée à Albert, le premier jour de juin 1786, on la porta devant l'Image de la Sainte Vierge. Ceux qui l'accompagnaient, craignant pour elle à cause de sa faiblesse, l'engageaient à ne point rester si longtemps en prières; mais elle n'eut point d'égard à leur remontrance. La persévérance lui fut salutaire. Au bout de trois heures, sentant ranimer sa confiance, elle se prosterna, priant la Sainte Vierge avec ardeur de lui porter secours et de lui être favorable. Un moment après elle dit à sa sœur qu'elle se trouvait mieux, se fit conduire au tronc pour y mettre son offrande (ce qu'elle n'avait pu faire auparavant). Elle sortit seule de l'Eglise sans autre secours que celui d'un bâton à chaque main, qu'on lui donna par précaution.

Cet événement est celui qui a eu d'abord le plus d'éclat. Tout Albert en a été témoin. La voiture ayant fait route au retour par les villages de Millencourt et d'Hénencourt, où le bruit s'en était déjà répandu, on s'attroupait, on allait à sa rencontre pour en apprendre les circonstances, et le père de la fille en rendait compte, ayant aux yeux des larmes de joie. Leur soin en arrivant à Warloy, fut d'aller à l'Eglise pour y remercier le Seigneur, et peu de jours après on retourna à Albert pour assister à une Messe solennelle d'actions de grâce. Depuis ce temps les forces de cette fille se sont journellement accrues, et elle est actuellement dans un état de santé qui ne laisse plus d'inquiétude.

4°. Le dixième jour de juin, Catherine Poiré, du même endroit de Warloy, âgée d'environ dix-sept ans, se fit conduire à Albert, dans le cours d'une neuvaine en l'honneur de la Sainte Vierge, et après tous les services de piété qu'on lui conseilla. Son incommodité était une ophtalmie ou maladie des yeux dont elle était tourmentée depuis dix-sept à dix-huit mois. Tous les remèdes, tels que les saignées, rafraîchissements, cautères, etc., n'avaient produit que peu d'effet. Depuis le commencement de cette année elle ne voyait plus du tout, et l'on croyait sa vue perdue. Sa guérison, qui paraissait impossible aux hommes, devait avoir lieu par l'intercession de la Sainte Vierge. A peine cette fille eut-elle fait sa prière devant son Image, que dans un instant elle recouvra la vue. Elle est actuellement sans douleur aux yeux, lit aisément, n'a plus besoin de bandeau ; et tout porte à croire que son incommodité ne reviendra plus.

Nous pourrions ajouter à ce récit d'autres faveurs obtenues par l'intercession de la Sainte Vierge, qui pour n'être pas si éclatantes, n'en sont pas moins réelles. Nous savons que les prêtres qui dans Albert secondent la dévotion des pélerins, sont tous les jours édifiés et réjouis des confidences que leur font beaucoup de pieuses personnes, des guérisons et autres grâces particulières obtenues par l'invocation de Notre-Dame de Brebières, et dont elles viennent lui rendre grâces. Ces faveurs ne peuvent être authentiquement révélées au public, parce qu'il ne peut y avoir lieu à une information convenable de la part de l'autorité compétente, sans laquelle on ne peut publier aucun miracle; mais ce que nous avons rapporté, est plus que suffisant pour mettre en évidence cette vérité, que la Sainte Vierge est encore aujourd'hui comme elle a été dans tous les temps, le secours des Chrétiens et la consolation des affligés.

Pour donner une connaissance certaine des faits ci dessus exposés, nous désignons les lieux, les temps, les circonstances; et les certificats des médecins et chirurgiens qui ont vu les personnes dont il est question, avant et après leur guérison, sont déposés à l'Evêché.

Si malgré toutes ces précautions, des personnes à préjugés irréligieux, aimaient mieux contester que croire ce qu'elles ont peine à comprendre, si d'autres par entêtement de secte ne voulaient pas convenir qu'on peut obtenir des grâces du Seigneur, par l'intercession de la Sainte Vierge et des Saints, ou traitait de superstition et d'idolâtrie, l'honneur qu'on leur rend devant leurs images, comment pourrions-nous leur répondre autrement que par ces paroles de l'Evangile, en St. M. ch. XI. v. 21 : *Malheur à toi! Corozaïn, malheur à toi! Bethzaïde, parce que si les Miracles qui ont été faits au milieu de vous, avaient été faits dans Tyr et dans Sidon, elles auraient fait pénitence avec le cilice et la cendre. C'est pourquoi je vous déclare qu'au jour du jugement Tyr et Sidon seront traitées moins rigoureusement que vous.*

Il s'en faut bien au reste que nous ayons cette opinion du plus grand nombre. Malgré la corruption du siècle et son incrédulité, l'on voit encore parmi nous de vrais Chrétiens, et c'est pour leur consolation que nous y ajoutons avec notre divin Sauveur, ibid. v. 25 : *Je vous bénis, mon Père, Seigneur du Ciel et de la terre, de ce que vous avez caché ces choses aux sages et aux prudents du siècle, et que vous les avez révélées aux simples et aux petits. Oui, mon Père, cela est ainsi parce que vous l'avez voulu.*

Tous les événements rapportés jusqu'ici ayant précédé la révolution de France, il ne faut pas croire que le réfroidissement presque général de la foi, qui en a été le triste fruit, ait arrêté le cours des grâces que l'on obtenait jusque-là par l'intercession de Notre-Dame de Brebières. Depuis le retour du culte Catholique, la ferveur de la foi qui s'était conservée ou s'est ranimée dans beaucoup de personnes, en a obtenu des grâces bien extraordinaires, entre lesquelles l'édification engage à citer deux événements suivants, choisis entre beaucoup d'autres, et qui sont d'une certitude comme d'une publicité incontestables.

Le premier est la guérison de Rosalie Sauvé, native d'Amiens, arrivée le 22 mai 1805. Cette fille vivant dans l'Hôpital de St.-Charles d'Amiens, était alors âgée de de 47 ans, et se trouvait depuis près de dix ans, affligée dans ses membres d'une infirmité ressemblant à une perclusion ou paralysie, et au point qu'elle ne pouvait se soutenir qu'avec le secours de deux béquilles. Elles en avait la langue tellement affectée, que quand elle avait à parler, elle ne faisait que balbutier d'une manière peu intelligible. Elle désirait depuis longtemps être transportée à Albert où elle espérait recevoir quelque grâce de la Sainte Vierge, mais son indigence y était un obstacle. Enfin, une personne charitable se prêta à son désir et fit les frais de son voyage. Etant donc arrivée à Albert, elle voulut descendre à la porte de l'Eglise. Grand nombre de personnes furent témoins qu'on ne put la retirer de sa voiture qu'à force de bras; qu'il fallut la porter de même dans l'Eglise et ensuite dans son auberge. Le lendemain s'étant fait porter encore à la messe, il arriva que pendant qu'elle l'entendait, elle éprouva dans tout son corps une révolution très pénible, dont les assistants s'aperçurent. Ce fut pour elle une crise décisive, après laquelle elle se dressa sur ses pieds, se mit à marcher sans aucun secours, et chanter des cantiques d'actions de grâces. Elle conserva jusqu'à sa mort, qui arriva cinq ans plus tard, une marche facile et ferme, avec un usage très-libre de sa langue.

Le second événement à citer eut lieu à l'égard d'un enfant de Morisel, près Moreuil, arrondissement de Montdidier.

Le 2 avril 1811, Marie-Rosalie Leroi, femme de Dieudonné Censier, journalier dudit Morisel, accoucha d'une fille qui n'avait pour tête qu'une masse de chair informe et monstrueuse, dont personne ne pouvait soutenir la vue. Un certificat rapporté à Albert, muni de la signature de l'officier de santé de Moreuil, de celle de l'accoucheuse qui avait coopéré avec lui à l'accouchement, de celles aussi, tant du prêtre qui avait baptisé l'enfant, que de beaucoup d'habitants dudit Morisel, le tout accompagné d'une information faite avec soin par des Ecclésiastiques prudents, portait que l'enfant n'avait point de traits de figure humaine. Le père d'une telle créature, consterné à mourir, mais animé d'une vive confiance dans l'invocation de Notre-Dame de Brebières, et espérant en obtenir quelques grâces à ce sujet, fit le vœu d'un pélerinage à Albert, sous la condition de ne l'accomplir qu'après deux neuvaines en l'honneur de la Sainte Vierge, une neuvaine de dimanches, et une neuvaine de jours qu'il commença aussitôt. Pendant qu'il en remplissait les œuvres, la figure de la tête de l'enfant changeait de jour en jour, jusqu'à ce que vers la fin de la neuvaine de jours, elle se trouva aussi exactement conformée que celle de tout enfant né sans accident.

Tous ceux qui s'étaient portés à voir l'enfant monstrueux, et qui faisaient la grande partie des deux populations de Morisel et de Moreuil, ne purent s'empêcher de s'écrier, en apprenant le changement survenu, qu'assurément il devait y avoir du surnaturel dans le fait.

Cette petite fille qui fut présenté et consacrée à la Sainte Vierge au jour de sa fête de la Nativité, en 1812, continuait de jouir d'une bonne santé, et de porter belle figure à la même époque en l'année 1813.

Le nommé Etienne Fournier, natif de Doullens, exerçant la profession de maçon, était depuis quatre ans infirme des suites d'un accident qui lui était arrivé en travaillant aux réparations de la Citadelle de Doullens. L'échafaudage qui le portait avec trois autres ouvriers, ayant croulé sous eux, ses compagnons n'en éprouvèrent point de suites fâcheuses, lui seul en fut très-grièvement blessé. Porté à l'hôpital de Doullens, on lui administra pendant un assez long-temps tous les secours de l'art, qui ne lui apportèrent aucun soulagement. On jugea à propos de le faire passer à l'Hôtel-Dieu d'Amiens, où après avoir été traité pendant long-temps et avoir reçu tous les secours que peut fournir l'art de guérir, il fut abandonné des médecins et regardé comme incurable; ses infirmités furent tellement constatées qu'on parvint à lui obtenir, sur les fonds du Génie, une gratification annuelle de cent cinquante francs. Il ressentait des douleurs continuelles qui ne lui permettaient point de s'appliquer à aucun genre de travail; il ne pouvait marcher qu'à l'aide de deux béquilles, une longue qu'il portait sous l'une de ses aisselles, et l'autre courte qu'il tenait de la main opposée. Une de ses jambes était tellement raccourcie, que pour pouvoir poser son pied à terre, il avait été obligé de faire appliquer au soulier qu'il portait de ce côté, un talon de bois assez haut. Il était en outre sujet à des atteintes d'épilepsie qu'il avait éprouvées même avant cet accident. Il était en cet état, lorsque le 1er avril 1822, après s'être confessé et avoir reçu la sainte communion à Doullens, il exécuta le vœu qu'il avait fait de faire un pélerinage à Notre-Dame de Brebières d'Albert, pour laquelle il avait toujours eu une grande dévotion et en laquelle il avait la plus grande confiance; accompagné d'un de ses amis, il arriva à Albert monté sur un âne dont on ne le fit descendre qu'avec peine et bien des précautions; c'était entre quatre et cinq heures du soir. Il apportait une petite statue de la Sainte Vierge en bois peint dont il voulait faire l'offrande. Arrivé dans l'Eglise, il y éprouva une crise violente, tomba sur le pavé où il resta étendu pendant quelques minutes. Mais il se releva ensuite tout seul et sans l'aide de ses béquilles, et alla se prosterner sur les marches de l'autel de la Sainte Vierge, où il pria quelque temps avec larmes; après avoir baisé l'autel, il se tourna vers les personnes qui priaient dans l'Eglise, les invita à remercier Dieu et la Sainte Vierge, en les assurant qu'il était guéri; il descendit seul de l'autel. Dès ce moment ses membres se raffermirent, le talon de bois lui devint inutile et même gênant, il le fit ôter de son soulier; il laissa dans la Chapelle de Notre-Dame de Brebières, ses béquilles qu'il n'a plus reprises depuis. Il passa le lendemain la journée en actions de grâces; et dans la même compagnie et de la même manière, il se remit en route le mercredi, pour Doullens, où il arriva tellement changé et ayant tellement l'usage de tous ses membres, que ses parents et ses voisins pouvaient à peine en croire leurs yeux. Tout Doullens fut si bien persuadé que cette guérison était surnaturelle, qu'on en rendit publiquement des actions de grâces à Dieu, dans l'Eglise. Depuis cette époque Etienne Fournier a repris ses travaux ordinaires; et la veille de la Nativité de la Sainte Vierge, 8 septembre dernier, il fit le voyage d'Albert à Doullens, à pied et si bien portant, que ceux qui l'avaient vu arriver le 1er avril, estropié, pâle, maigre et défiguré, avaient peine à le reconnaître.

« Depuis cette époque, il s'est présenté devant » l'autel de Notre-Dame de Brebières, plusieurs » personnes qui ont attribué à la protection de » la Très-Sainte Vierge le soulagement qu'elles » ont éprouvé dans leurs maux et la guérison » des maladies graves et opiniâtres dont elles » étaient attaquées. On peut consulter là-dessus » plusieurs Ecclésiastiques respectables, entre » autres Messieurs Boucher et Legry, Curés, l'un » de Terramesnil, canton de Doullens, l'autre de » Louvencourt, canton de Mailly, sur ce qu'ils » jugent des guérisons opérées sur plusieurs de » leurs paroissiens, qui, dans le courant des mois » de septembre, octobre et novembre de 1825, » ont eu recours à la protection de Notre-Dame » de Brebières. Plusieurs d'entre eux se font un » devoir de venir annuellement en rendre grâces » à la Sainte Vierge dans l'Eglise d'Albert. Entre au- » tres Marie-Rose-Euphrosine Crampon, de la com- » mune de Vauchelles, annnexe de Louvencourt, » y est venue à pied le 31 mai de cette année » 1828, pour la guérison qu'elle y a obtenue le 29 » octobre 1825; elle avait été avant cette époque, » pendant cinq ans, dans un état habituel de la » maladie la plus douloureuse.

» Le Curé-Doyen d'Albert conserve au presby- » tère dudit lieu, les deux pièces suivantes de la » copie desquelles il certifie la vérité et qui lui ont » paru propres à nourrir et fortifier la confiance » en la Sainte Vierge. »

Eléonore-Mélanie SONNET, âgée de 37 ans, domiciliée à Guerbigny, canton de Montdidier, diocèse d'Amiens, se trouvait malade depuis l'âge de 21 ans. Dans les six premières années, on avait espoir qu'à l'aide des secours employés par l'art médicinal, elle aurait obtenu guérison : mais l'on fut bien surpris, que plus elle avançait en âge, plus la maladie devenait grave. Pendant sept à huit ans on avait employé toutes sortes de remèdes, médecines, sangsues, saignées souvent réitérées, et cautères qu'elle porta sept ans, et l'on peut avancer avec vérité que pendant l'espace de sept ans, elle a été saignée plus de trois cents fois, et toujours infructueusement. Elle ne laissait pas de souffrir, sans pouvoir vaquer à ses travaux. Si elle trouvait un soulagement momentané, elle était à l'instant attaquée d'enflures et de maux d'estomac qui ne laissaient aucun repos parmi ses douleurs et ses offuscations : elle tombait dans un tel état de faiblesse que la voyant aux portes de la mort, M. le Curé de la paroisse l'a administrée trois fois en peu de temps. Ne remarquant aucun effet salutaire dans l'usage des remèdes, elle crut ne faire mieux que d'avoir recours à la Sainte Vierge, en qui elle avait une grande confiance. Persuadée qu'elle obtiendrait guérison, ou tout au moins du soulagement, elle engagea ses parents à faire pour elle le pélerinage de Notre-Dame de Brebières.

Le 15 mai 1826 ses parents partirent pour Albert, et dès ce moment elle fit une neuvaine à la Sainte Vierge. A peine ses parents furent-ils de retour qu'elle se sentit beaucoup mieux. Pleine d'une vive foi en la protection de la Sainte Vierge, quoiqu'elle fût incapable de faire elle-même le pélerinage, elle hasarda le voyage de pied à la Nativité de la Sainte Vierge de l'année 1826. Mais comme elle était très-faible, deux lieues avant d'arriver à Albert, ses frères qui l'accompagnaient, furent contraints de la soutenir par les bras, et de la traîner pour ainsi dire, parce qu'elle ne pouvait plus marcher qu'avec bien de la peine. Arrivée vers le soir à Albert, elle se rendit à l'Eglise pour y faire ses dévotions; mais à peine fut-elle entrée dans l'église, qu'il lui prit un si grand évanouissement, qu'elle ne pouvait pas lire, et au même moment elle sentit une si grande commotion dans tous ses membres, qu'elle crut qu'on lui ouvrait toutes les veines. Après avoir satisfait le soir à ses dévotions dans l'Eglise, elle alla prendre un peu de repos, et le lendemain elle se rendit avec beaucoup de peine à l'Eglise, où elle entendit la Messe et communia. Après avoir remercié la Sainte Vierge des grâces qu'elle venait de recevoir, elle se mit en marche pour revenir à son pays, et elle fit le chemin avec autant de facilité que la personne la mieux portante. Depuis le jour de son pélerinage, elle jouit d'une parfaite santé, ne faisant plus usage de remèdes, et vaquant très-bien à tous ses travaux ordinaires.

J'atteste qu'il est bien véritable que cette fille a été depuis neuf ans que je suis dans la paroisse, dans un état si désespérant, qu'elle n'a été guérie que par la protection de la Sainte Vierge, et le peuple, témoin de sa longue maladie, envisage sa guérison subite comme surnaturelle.

Je délivre ce certificat pour la gloire de Dieu et

pour l'accroissement de la dévotion à Notre-Dame de Brebières. Vous pouvez compter sur ma grande sincérité, comme sur celle des sentiments respectueux avec lesquels j'ai l'honneur d'être, etc.

Signé Loir, curé desservant.

Guerbigny, 12 Juin 1827.

Ce 12 Septembre 1827.

Marie Thérèse Dumontier, âgée de 39 ans, domiciliée à Warcy, annexe de Guerbigny, canton de Moreuil, département de la Somme, se trouvait malade depuis six ans et demi, sans qu'il fût possible de lui procurer beaucoup de soulagement : quelle que fut la cause de sa maladie, pendant trois ans consécutifs, elle a éprouvé un tremblement général, et elle tombait dans des convulsions si violentes qu'elle perdait toute connaissance et qu'on désespérait de sa vie. Trois fois elle fut administrée dans cet intervalle, parce qu'elle allait aux portes de la mort. Presque tous les jours elle vomissait le sang et elle éprouvait des maux d'estomac qui lui occasionnaient de vives douleurs. Rien ne fut négligé pour obtenir sa guérison, cautères, sangsues, saignées, médecines, tout fut employé, mais infructueusement. Elle fut visitée par différents médecins et chirurgiens qui n'ont pu trouver de moyens curatifs, et qui regardaient en quelque sorte sa mort comme inévitable. Au milieu de cet état de souffrances, elle fut attaquée d'une paralysie si bien caractérisée au bras et à la jambe gauches, qu'elle ne faisait que traîner la jambe, et qu'elle ne pouvait nullement se servir du bras. Elle fut dans ce triste état l'espace de dix-huit mois, jusqu'au moment où elle se rendit à Albert.

Désolée de voir tous les secours de la médecine infructueux, et se voyant à charge à sa famille, à cause de sa très-petite fortune, elle tourna ses vues du côté de la Sainte Vierge; elle mit sa confiance en son intercession, et fit vœu de se faire conduire à Albert, quand il y aurait moyen. Dans le mois de juin 1827, elle se prépara à faire le pélérinage de Notre-Dame de Brebières par une neuvaine, par le sacrement de pénitence et par la sainte communion qu'elle reçut le jour de son départ qui fut le douze du même mois. Pleine de confiance en la Mère de Dieu, d'où elle espérait du secours, si elle en était digne, elle fut conduite à Albert, où elle arriva le matin du quatorze, montée sur un cheval. A la porte de l'Église on la descendit et on la conduisit à l'autel de la Sainte Vierge où elle fit sa prière. Elle entendit la Messe, et avant que de se présenter pour la Communion, elle se sentit fort gênée. Alors persuadée qu'il s'opérait quelque chose d'extraordinaire, elle se recueillit intérieurement en s'offrant entièrement au Seigneur, et en lui demandant par le canal de la Sainte Vierge, qu'il disposât d'elle comme il le jugerait à propos. Au même moment il lui semblait qu'on lui brisait les os; tout-à-coup elle fut bien suprise de se voir tout autre : elle se lève, elle marche facilement, elle fait tourner très-aisément son bras dont elle ne s'était pas servi depuis dix-huit mois. Elle-même en fit l'aveu à la vue du peuple qui se trouvait dans l'Église.

Après avoir rendu ses actions de grâces à la Sainte Vierge, cette pauvre fille se mit en marche pour revenir en son pays. Quelle surprise pour toute la paroisse, quand on la vit marcher droite et vite, et tourner son bras paralysé aussi facilement qu'une personne qui n'éprouve aucun mal! A peine voulait-on en croire ses yeux! Chacun se disait en la voyant de loin : ce n'est pas Thérèse; cependant c'était bien elle, et on ne la regardait qu'en pleurant. Le dimanche de son arrivée, elle assista à tous les offices de la paroisse, au grand étonnement du peuple, car depuis six ans et demi on ne l'avait pas vue à l'Église. Chacun ne put s'empêcher de s'écrier que cette fille avait été guérie miraculeusement.

Pour l'honneur de la Mère de Dieu et pour procurer un plus grand accroissement de confiance en la Sainte Vierge, nous nous empressons de vous faire part des circonstances principales qui ont accompagné la maladie de Thérèse Dumontier, et s'il était nécessaire à l'appui de ce miracle irréfragable, de toutes les signatures de la paroisse, aucune ne serait refusée; mais pour tout Chrétien qui vit de la foi, nous avons prié M. le Maire, M. le Chirurgien traitant, et plusieurs témoins qui l'ont vue dans le cours de sa maladie, d'apposer leurs signatures. Signé le Marquis de Rune, maire, Dumontier, Guilbert, Dumontier, Leroy, Blanquet, officier de santé, P. Philippe, Denis, et Loir, curé-desservant de Guerbigny et Warcy.

Sans prendre d'autre responsabilité, que celle qui est commune aux paraboles et aux histoires édifiantes, on croit pouvoir citer sans inconvénient la guérison d'Adeline Lecomte, de Puchevillers, attaquée d'épilepsie depuis plusieurs années, guérie radicalement et tout-à-coup le 8 septembre 1838, pendant la grand-messe. Celle de Joséphine Derome, domiciliée à Amiens, dont l'affection nerveuse, avec caractères graves, a totalement cessé depuis la crise éprouvée à la chapelle de Notre Dame, le 8 septembre 1842. Celle de Françoise Cardon, native de Bouchoir, malade depuis 15 ans, qui passait une grande partie de chaque année à l'Hôtel-Dieu d'Amiens; son dernier séjour y fut de dix-huit mois. Le 5 mai 1843, elle en sortit avec béquille et bâton, le lendemain samedi, après la sainte Communion faite à la chapelle de Notre-Dame, elle se releva parfaitement guérie. Les cicatrices mêmes des plaies ouvertes depuis plusieurs années avaient totalement disparu.

La constante vénération des étrangers pour les objets qui ont touché à la statue de la Sainte Vierge, a souvent porté ses fruits. En voici deux exemples récents : un ruban en forme de collier envoyé le 20 janvier 1844, à Limoges, a rendu instantanément à la santé une religieuse carmélite qui s'en était revêtue. Les médecins, après plusieurs années de traitement, avaient déclaré sa maladie incurable. Le même ruban, confié au supérieur d'une autre communauté de la même ville, fut reçu par lui avec la reconnaissance qu'inspire l'espérance d'une guérison miraculeuse. En effet, l'épidémie qui désolait sa maison cessa ses ravages et aucun cas nouveau ne s'est présenté dès le premier jour de la neuvaine, et le neuvième jour tous les malades convalescents prirent part à la communion générale qui eut lieu à la chapelle de l'établissement.

On pourrait joindre encore au nombre des faits miraculeux qui précèdent, une foule d'autres aussi récents et dont l'authenticité est suffisamment constatée par des témoignages écrits et conservés dans les archives de la confrérie. On les aurait offert à l'édification des fidèles si des raisons de convenance n'obligeaient pas à une réserve commandée par certaines considérations du moment.

Un dernier fait miraculeux vient d'être notifié par des témoignages non suspects. On se contente de transcrire ici le certificat du chirurgien, qui donne une connaissance suffisante de la maladie et de la guérison d'Anastasie Décros.

« Le chirurgien soussigné, certifie et atteste » que la nommée Décros (Anastasie), née et do- » micilée à Chipilly (Somme), âgée de 22 ans..... » atteinte d'épilepsie à l'âge de 16 ans, sans cause » appréciable, éprouvait vingt à trente accès cha- » que jour. Aux époques des saignées seulement » elle était plus calme pendant deux à trois » jours. *Cette personne n'a pas éprouvé de re-* » *chûte depuis le 8 juin dernier, jour où elle s'est* » *rendue au pèlerinage d'Albert.*

» En foi de quoi j'ai délivré le présent certifi- » cat, pour servir et valoir ce que de justice et » raison.

» A Chipilly, ce 1er août 1845.

» Patte. »

La guérison s'opéra pendant la messe du dimanche, fête du Sacré-Cœur de Jésus. Dès le matin du même jour, Anastasie avait éprouvé huit accès. A peine arrivée à l'église, des symptômes alarmants l'obligent à se retirer. La violence du mal produisit chez elle des contorsions et des hurlements affreux. Ce ne fut qu'à dix heures un quart qu'un moment de calme lui permet de revenir à l'autel de Marie avec une confiance plus vive que jamais. Bientôt un frémissement inaccoutumé provoque des larmes de joie ; ne craignez plus, dit-elle à son frère qui l'accompagnait, je n'aurai plus de mal. En effet, depuis cette époque, il ne lui reste que le souvenir des longues et cruelles angoisses d'une infirmité jugée incurable.

LITANIES

DE

NOTRE-DAME DE BREBIÈRES.

Seigneur, ayez pitié de nous.	Kyrie, eleison.
Christ, ayez pitié de nous.	Christe, eleison.
Seigneur, ayez pitié de n.	Kyrie, eleison.
Christ, écoutez nous.	Christe, audi nos.
Christ, exaucez-nous.	Christe, exaudi nos.
Dieu le Père céleste, ayez pitié de nous.	Pater de cœlis Deus, miserere nobis.
Dieu le Fils, rédempteur du monde, ayez pitié de nous.	Fili redemptor mundi Deus, miserere nobis.
Dieu le Saint-Esprit, ayez pitié de nous.	Spiritus Sancte Deus, miserere nobis.
Sainte Marie, priez pour nous.	Sancta Maria, ora pro nobis.
Sainte Mère de Diez, priez pour nous.	Sancta Dei Genitrix, ora pro nobis.
Sainte Vierge des Vierges, priez pour nous.	Sancta Virgo Virginum, ora pro nobis.
Patronne des brebis égarées, priez pour nous.	Patrona ovium errantium, ora pro nobis.
Vous qui rendez la santé aux brebis languissantes, priez pour nous.	Salus ovium languentium, ora pro nobis.
Vous qui procurez soulagement aux souffrants, priez pour nous.	Levamen dolentium, ora pro nobis.

Medela sauciorum, ora pro nobis.	Vous qui trouvez remède aux blessures de l'âme, priez pour nous.
Requies laborantium, ora pro nobis.	Vous en qui est le repos de ceux qui sont fatigués, priez pour nous.
Thesaurus egentium, ora pro nobis.	Vous en qui se trouve le trésor des indigents, priez pour nous.
Dulcis spes exulantium, ora pro nobis.	Vous qui êtes notre douce espérance dans l'exil de de cette vallée de larmes, priez pour nous.
Robur pusillorum, ora pro nobis.	Vous qui donnez la force aux faibles, priez p. n.
Advocata derelictorum, ora pro nobis.	Vous qui prenez la cause de ceux qui sont abandonnés, priez pour n.
Accendens refrigescentes, ora pro nobis.	Vous qui réchauffez ceux qui se refroidissent dans la charité, priez pour nous.
Protegens sperantes, ora pro nobis.	Vous qui soutenez ceux qui ont confiance, priez pour nous.
Exigens desperantes, ora pro nobis.	Vous qui relevez ceux qui désespèrent, priez pour nous.
Firmans dubitantes, ora pro nobis.	Vous qui affermissez ceux qui doutent, priez pour nous.
Stella navigantium, ora pro nobis.	Vous qui êtes l'astre propice de ceux qui voguent sur les mers, priez pour nous.
Tutela periclitantium, ora pro nobis.	Vous qui êtes la sûreté de ceux qui sont en danger, priez pour nous.

Vous qui êtes un port de salut pour ceux qui font naufrage , priez p. n.	Portus naufragantium, ora pro nobis.
Mère très tendre, priez pour nous.	Mater amantissima , ora pro nobis.
Vous qui êtes la plus douce entre toutes les créatures, priez pour nous.	Inter omnes mitis, ora pro nobis.
Vous qui êtes le trône de la clémence, priez p. n.	Thronus clementiæ, ora pro nobis.
Vous qui faites trouver accès auprès du Souverain Juge, priez pour nous.	Aditus ad Judicem , ora pro nobis.
Vous qui êtes puissante contre la colère de Dieu, priez pour nous.	Potens contra Dei iracundiam , ora pro nobis.
Vous qui êtes puissante pour obtenir pardon , priez pour nous.	Potens ad conciliandam veniam , ora pro nobis.
Vous qui gémissez avec les pénitents, priez p. n.	Gemens cum pœnitentibus , ora pro nobis.
Vous qui soupirez avec ceux qui prient, p. p. n.	Suspicans cum orantibus, ora pro nobis.
Vous qui partagez l'affliction de ceux qui pleurent, priez pour nous.	Condolens lugentibus, ora pro nobis.
Vous qui demandez pour nous tous les biens, pr.	Bona cuncta poscens, ora pro nobis.
Vous qui éloignez de nous tous les maux, pr. p. n.	Mala cuncta pellens, ora pro nobis.
Vous qui pacifiez tout au ciel et sur la terre, priez pour nous.	Omnia in cœlis et in terris pacificans, ora pro nob.
Vous qui désirez que toutes les brebis se réunissent en un seul troupeau sous le seul Pasteur Jésus-Christ, priez pour n.	Optans ut fiat unum ovile et unus pastor , ora pro nobis.

Præstans ut oves vitam abundantiùs habeant, ora pro nobis.	Vous qui prenez soin que les brebis aient abondamment la vie de la grâce, priez pour nous.
Arcens feras ovili noxias, ora pro nobis.	Vous qui écartez les monstres qui voudraient nuire au troupeau fidèle, priez pour nous.
Custos ovium fidelium, ora pro nobis.	Vous qui êtes la gardienne des brebis fidèles, priez pour nous.
Cujus nomen oleum effusum, ora pro nobis.	O vous, dont le nom répand dans les âmes la douceur d'un parfum, priez pour nous.
Gratiarum omnium effluvium, ora pro nobis.	O vous qui êtes le canal de toutes les grâces, priez pour nous.
Agnus Dei, qui tollis peccata mundi, parce nobis, Domine.	Agneau de Dieu qui effacez les péchés du monde, pardonnez-nous, Seigneur.
Agnus Dei, qui tollis peccata mundi, exaudi nos, Domine.	Agneau de Dieu, qui effacez les péchés du monde, exaucez-nous, Seigneur.
Agnus Dei, qui tollis peccata mundi, miserere nobis.	Agneau de Dieu, qui effacez les péchés du monde, ayez pitié de nous.
Christe, audi nos.	Christ, écoutez-nous.
Christe, exaudi nos.	Christ, exaucez-nous.

ORATIO.	ORAISON.
Sanctissima Virgo, ad cujus opem omnes oves errantes fidenter, confugere possunt, ut valeant	Très-sainte Vierge, à qui toutes les brebis égarées peuvent recourir avec confiance pour obtenir la grâ-

grâce d'être reçues de Jésus-Christ, Rédempteur et Sauveur de tous les hommes, présentez-moi, je vous prie, à ses pieds, et faites qu'ayant été remis par votre intercession et par sa miséricorde au nombre de ses brebis fidèles, je sois toujours avec lui dans le temps et dans l'éternité.

Ainsi soit-il.

in gratiam recipi Jesu Christi, Redemptoris et Salvatoris omnium hominum, offer nos, quæsumus, ante pedes ejus, et fac, ut tuâ intercessione et ipsius misericordiâ in numero restituti fidelium ovium, cum ipso simus semper nunc et in secula seculorum.

Amen.

CANTIQUE DE LA SAINTE VIERGE.

Je mets ma confiance,
Vierge, en votre secours;
Servez-moi de défense,
Prenez soin de mes jours;
Et quand ma dernière heure
Viendra fixer mon sort,
Obtenez que je meure
De la plus sainte mort.

FIN.

BIBLIOTHEQUE NATIONALE DE FRANCE
3 7531 04325043 1

www.ingramcontent.com/pod-product-compliance
Ingram Content Group UK Ltd.
Pitfield, Milton Keynes, MK11 3LW, UK
UKHW021135230726
13926UKWH00002B/811

9 782014 444919